¿Quién
Roberto Clemente?

¿Quién fue
Roberto Clemente?

James Buckley Jr.

Ilustraciones de Ted Hammond

loqueleo

SANTILLANA USA

Para Bill Pintard y los Santa Bárbara Foresters, quienes son campeones dentro y fuera del terreno.
J.B.
Para mi hermana Robin.
T.H.

loqueleo

Título original: *Who Was Roberto Clemente?*
© Del texto: 2014, James Buckley Jr.
© De las ilustraciones: 2014, Ted Hammond
© De la ilustración de portada: 2014, Nancy Harrison
Todos los derechos reservados.

Publicado en español con la autorización de Grosset & Dunlap, una división de Penguin Group.

© De esta edición:
2015, Santillana USA Publishing Company, Inc.
2023 NW 84th Avenue
Miami, FL 33122, USA
www.santillanausa.com

Dirección editorial: Isabel C. Mendoza
Coordinación de montaje: Claudia Baca
Traducción: Eduardo Noriega
Servicios editoriales por Cambridge BrickHouse, Inc.
www.cambridgebh.com

Loqueleo es un sello de **Santillana**. Estas son sus sedes:
ARGENTINA, BOLIVIA, BRASIL, CHILE, COLOMBIA, COSTA RICA, ECUADOR, EL SALVADOR, ESPAÑA, ESTADOS UNIDOS, GUATEMALA, MÉXICO, PANAMÁ, PARAGUAY, PERÚ, PORTUGAL, PUERTO RICO, REPÚBLICA DOMINICANA, URUGUAY Y VENEZUELA.

¿Quién fue Roberto Clemente?
ISBN: 978-1-631-13429-6

Published in the United States of America
Printed by Thomson-Shore, Inc.

20 19 18 17 16 15   1 2 3 4 5 6 7 8 9 10

Índice

¿Quién fue Roberto Clemente?

En una tarde soleada del otoño de 1952, en Puerto Rico, Roberto Clemente llegó a un terreno de béisbol con los pantalones rotos y desgastados. Traía su viejo guante y llevaba puesta una gorra con un pico muy largo. Prácticamente todo el campo era de tierra. Las pelotas eran muy viejas y gastadas.

Pero eso no les preocupaba a los jóvenes jugadores que se presentaron ese día. Eran unos setenta y todos perseguían la misma meta: que el cazatalentos de un equipo de las Grandes Ligas de Estados Unidos los descubriese. Ese año, la liga estaba conformada por dieciséis equipos; ocho en la Americana y ocho en la Nacional. Roberto tenía dieciocho años y, para jugadores jóvenes como él, llegar a las mayores sería como un sueño hecho realidad.

Durante las siguientes horas, Roberto hizo lo que pudo para materializar ese sueño. Hizo tiros largos y perfectos desde los jardines. Corrió las bases mucho más rápido que ningún otro jugador. Corrió las 60 yardas en 6.4 segundos, apenas tres décimas de segundo por encima del récord mundial de esa época. Además, bateó una línea detrás de la otra. Después de observar el desempeño de Roberto, a los cazatalentos les quedó claro que tenía las habilidades para llegar algún día a las grandes ligas. Uno de los que representaba a los Dodgers

de Brooklyn dijo que Roberto era el mejor atleta natural que había visto en su vida.

Un año más tarde, su sueño de llegar a las grandes ligas se hizo realidad. Firmó con los Dodgers de Brooklyn y así comenzó una de las carreras más destacadas en la historia del béisbol. Además, trabajó con ahínco para que los sueños de otras miles de personas se hiciesen realidad.

Capítulo 1
Un bate de la rama de un guayabo

Roberto Clemente Walker nació el 18 de agosto de 1934 en Carolina, un pueblo ubicado en la esquina nororiental de Puerto Rico. Como muchas personas de la isla, adoptó los apellidos de su padre y de su madre. Sin embargo, a lo largo de su vida solo se le conoció como Clemente, el apellido de su padre.

Sus padres, Melchor y Luisa, tuvieron cinco hijos; Roberto era el menor. Lamentablemente, su hermana mayor, Anairis, murió cuando él era muy pequeño. Se quemó durante un accidente que sufrió en la cocina y nunca se recuperó de las lesiones.

Pero a Roberto todavía le quedaban sus tres hermanos mayores y contaba con un hermanastro y una hermanastra del primer matrimonio de su mamá. En una familia tan grande, siempre había

alguien con quien jugar. Y lo que todos jugaban era béisbol.

Mucho tiempo después, Roberto aseguró que el béisbol era lo que más le apasionaba de niño. "Jugábamos todo el día hasta que la oscuridad de la noche nos impedía ver. No nos importaba dejar de almorzar", señaló.

Durante esos años, a él no le gustaba que lo apurasen y, con frecuencia, respondía "Momentito, momentito" por lo que sus familiares y amigos comenzaron a llamarlo "Momen", un apodo muy acertado que perduró toda su vida.

Momen, sus amigos y sus hermanos jugaban béisbol después de clases y los fines de semana. No tenían equipos establecidos y creaban sus propias reglas e implementos de juego. Roberto fabricaba pelotas a partir de calcetines viejos o trapos que envolvía con un cordel que los apretaba con firmeza, y luego cosía un pedazo de tela sobre ellos. Los muchachos tallaban ramas de los árboles de guayaba para hacer sus bates y, algunas veces, bateaban con ellos latas de aluminio aplastadas. Para hacer los guantes, cosían la tela de los sacos viejos de café.

PUERTO RICO: PARTE DE EE. UU.

EL ESTADO LIBRE ASOCIADO DE PUERTO RICO ES UN TERRITORIO INSULAR DE ESTADOS UNIDOS; ES DECIR, ES PARTE DE ESTADOS UNIDOS PERO NO CONFORMA UN ESTADO. JUAN PONCE DE LEÓN FUNDÓ EL PRIMER ASENTAMIENTO EUROPEO EN PUERTO RICO Y LO CONSTITUYÓ EN UNA COLONIA ESPAÑOLA. DESDE 1952, HA SIDO UN ESTADO LIBRE ASOCIADO DE ESTADOS UNIDOS.

LA MAYORÍA DE SU POBLACIÓN HABLA ESPAÑOL. LOS PUERTORRIQUEÑOS SON CIUDADANOS ESTADOUNIDENSES PERO NO SE LES PERMITE VOTAR EN ELECCIONES NACIONALES. UNOS CUATRO MILLONES DE PERSONAS VIVEN ACTUALMENTE EN PUERTO RICO, PERO MÁS DE CINCO MILLONES DE DESCENDIENTES DE PUERTORRIQUEÑOS VIVEN EN TERRITORIO CONTINENTAL.

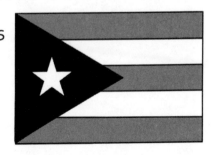

Luisa Walker amaba a su hijo y le preocupaba que se enfocara tanto en el béisbol. En una oportunidad, dijo: "Hubo temporadas en que estaba tan aficionado al béisbol que no se preocupaba ni por comer". De hecho, ella una vez trató de quemarle el bate ¡pero él lo rescató de las llamas!

Todo este tiempo que invirtió jugando lo ayudó a convertirse, rápidamente, en uno de los mejores peloteros jóvenes de Carolina. En un álbum de recuerdos, escribió acerca de un partido de siete horas y media en el que pegó diez jonrones. Crecía y se fortalecía rápidamente, al punto que podía lanzar la pelota a mayor velocidad y distancia que ningún otro. También veía mucho béisbol. Para poder ir a los partidos, su padre le daba veinticinco centavos que cubrían los quince que costaba el boleto de entrada y diez para el pasaje de ida y vuelta en autobús.

El clima de la isla es muy agradable en invierno. Algunos de los mejores peloteros de Estados Unidos viajaban a Puerto Rico, con frecuencia, para jugar en su liga profesional. Era una manera de mantenerse en forma durante la temporada de descanso. Roberto vio jugar a estos equipos incluyendo su favorito, los Senadores de San Juan, que jugaba en la capital de la isla, cerca de Carolina.

Aparte del béisbol, la familia fue lo más importante para Roberto durante su juventud. Se reunían casi todas las noches a contarse historias o a escuchar la radio. Justino, uno de los hermanos de

Roberto, recuerda que su familia no conocía a ninguna otra que tuviese una radio. Los Clemente no eran pobres, pero estaban muy lejos de ser ricos. El padre, Melchor, trabajaba en un ingenio azucarero, y su madre, Luisa, lavaba la ropa de los vecinos. También atendía un pequeño mercado frente a la casa para generar un ingreso adicional. A veces, Roberto y sus hermanos hacían algo de dinero llevándoles agua a los hombres que trabajaban en los cañaverales.

Roberto era conocido por su constante dispo-
sición a ayudar. A los once años, iba a una escuela
que no estaba cercada. Como quería protegerla y
también a los estudiantes, reunió a sus amigos y
vecinos para recoger dinero y, así, poder construir
una cerca. A los doce años, ayudó a sacar a una
persona lesionada de un automóvil en peligro de
incendiarse. Para llegar a la escena del choque, tuvo
que cruzar una autopista.

Cuando Roberto tenía catorce años, el mánager de un equipo de *softbol* de una compañía local de arroz lo vio jugar. Se llamaba Roberto Marín y su equipo estaba conformado, mayoritariamente, por hombres adultos que jugaban al salir del trabajo

o en los fines de semana. Marín confiaba en que Roberto podía jugar con ellos. En 1948, Roberto se incorporó al equipo de la fábrica de arroz "Sello Rojo", lo cual significó su primer gran paso hacia su futuro en el béisbol.

Capítulo 2
¡Llegaron los Cangrejeros!

A pesar de que Roberto era el campo corto estrella del equipo de *softbol* de adultos "Sello Rojo", contribuía al equipo de atletismo de su escuela con el poder de su brazo. Era tan bueno lanzando la jabalina que hubiese podido aspirar ¡a participar en las olimpiadas! En su último año de secundaria, escogió seguir jugando béisbol y dejó la jabalina.

Estando aún en la secundaria,

Roberto continuó mejorando en el béisbol y, finalmente, se incorporó al equipo Cangrejeros de Santurce, que jugaba en la liga de béisbol profesional de Puerto Rico. Estos hombres se ganaban la vida jugando béisbol. El dueño del equipo era Pedro Zorrilla, quien llegó a ser conocido en Puerto Rico como "Sr. Béisbol". En el otoño de 1952, le daba cuarenta dólares semanales a Roberto por jugar en su equipo.

EL BÉISBOL EN EL CARIBE

A PARTIR DE 1860, EL BÉISBOL SE DIO A CONOCER EN EL CARIBE GRACIAS A LOS MARINEROS ESTADOUNIDENSES QUE JUGABAN "EL PASATIEMPO NACIONAL" EN CADA UNA DE LAS ISLAS DONDE PARABAN. MILES DE JÓVENES EN CADA LUGAR INICIARON LA PRÁCTICA DE ESTE DEPORTE.

EL BÉISBOL CONTINÚA SIENDO MUY POPULAR EN MUCHOS PAÍSES DEL CARIBE. EN LAS DÉCADAS RECIENTES, REPÚBLICA DOMINICANA HA ENVIADO CIENTOS DE JUGADORES A LAS GRANDES LIGAS.

ROBERTO CLEMENTE ES UNO DE MÁS DE DOSCIENTOS PUERTORRIQUEÑOS QUE HAN JUGADO EN LAS GRANDES LIGAS. CUBA HA GANADO TORNEOS INTERNACIONALES DE BÉISBOL Y MEDALLAS DE ORO OLÍMPICAS EN ESTE DEPORTE. MÉXICO Y VENEZUELA, PAÍSES QUE TIENEN COSTAS EN EL MAR CARIBE, TIENEN LIGAS DE BÉISBOL QUE SON POPULARES.

HOY EN DÍA, MUCHAS DE LAS ISLAS DE LA REGIÓN TIENEN LIGAS PROFESIONALES ACTIVAS. CADA INVIERNO, DESDE 1949, SE CELEBRA "LA SERIE DEL CARIBE" EN LA CUAL COMPITEN LOS EQUIPOS CAMPEONES DE MÉXICO, VENEZUELA, PUERTO RICO, CUBA Y REPÚBLICA DOMINICANA.

Los Cangrejeros contaban con muchos buenos jugadores de Puerto Rico y de Estados Unidos; incluso, algunos habían jugado o estaban activos en las grandes ligas. El mánager era Buster Clarkson, quien había sido jugador de cuadro en las Ligas de Color de Estados Unidos. Él contribuyó mucho a que Roberto mejorara su juego. Roberto declaró que Buster le decía, con frecuencia, que él era tan bueno como cualquier jugador de las grandes ligas, y que esto lo motivó mucho.

Antes de cumplirse un mes de su debut con los Cangrejeros, Roberto fue a una prueba de las grandes ligas. Él tiró más duro y corrió más rápido que ninguno de los otros jugadores jóvenes. Impresionó tanto que varios equipos lo quisieron firmar, pero él todavía cursaba la secundaria. Para Roberto y los cazatalentos que estaban allí presentes, la prueba fue tan solo un preludio de lo que estaba por venir.

En el invierno de 1953–1954, Roberto ya había terminado la escuela secundaria y alcanzado la edad suficiente para perseguir su meta más ambiciosa: firmar con un equipo de las grandes ligas. Los equipos profesionales de Puerto Rico eran buenos, pero las grandes ligas de Estados Unidos eran las mejores del mundo. Los cazatalentos lo habían visto jugar con los Cangrejeros y varios clubes le ofrecieron un contrato. En nombre de Roberto, su padre, Melchor, aceptó una transacción con los Dodgers de Brooklyn, que jugaban en la ciudad de Nueva York.

Le dieron a Roberto un bono de $10,000 dólares por su primera temporada, que comenzaría en la primavera de 1954. Poco tiempo después, los Bravos de Milwaukee le ofrecieron $30,000 pero Roberto se mantuvo con Brooklyn. Pudo haber rechazado la oferta de los Dodgers por ser menos cuantiosa pero, como explicó más tarde: "Fue difícil, pero les dije que le había dado mi palabra a los Dodgers". Para Roberto, mantener su palabra era más importante que cualquier suma de dinero.

Sin embargo, la próxima parada de Roberto no fue en Brooklyn, sino en el distante Canadá.

Capítulo 3
En el lejano Montreal

Los Dodgers de Brooklyn enviaban a algunos de sus jugadores más jóvenes a los Reales de Montreal, en Canadá, para mejorar su juego y prepararse para las grandes ligas. Los Reales formaban parte de las ligas menores de los Dodgers, equipos que se crearon para desarrollar futuros talentos de las grandes ligas. Los Dodgers sabían que Roberto era bueno pero, también, que aún no estaba completamente listo.

Roberto tuvo un gran comienzo con los Reales. En su primer partido de entrenamiento primaveral, en las ligas menores, conectó un jonrón dentro del parque.

Era difícil vivir en Montreal. Estaba lejos de su casa y se sentía muy solo. Hacía mucho más frío en Canadá que en la isla tropical de Puerto Rico. El idioma de muchos de los habitantes de Montreal era

el francés, mientras que Roberto hablaba español y un poco de inglés. Para rematar, sus compañeros de equipo solo sabían comunicarse en inglés. Chico Fernández, un jugador cubano de más edad y que llevaba varios años en las menores, le enseñó a Roberto cómo ordenar, en inglés, "huevos con jamón" para el desayuno. ¡Por lo menos, no pasaría hambre!

Por primera vez en su vida, Roberto tuvo que enfrentarse a la segregación. Es un sistema en el cual se mantiene a la gente separada en restaurantes, hoteles, salas de cine e, incluso, bebederos de agua, según el color de su piel. A pesar de que era puertorriqueño, fuera de la isla él era una persona de color. Canadá toleraba todas las razas pero, en la década de los cincuenta, en muchos lugares de Estados Unidos se consideraba a las personas de color ciudadanos de segunda clase. Por ejemplo, durante un viaje con los Reales a Richmond, Virginia, les dijeron a Roberto y a otros jugadores de color que no podían comer en un restaurante con sus compañeros de equipo que eran blancos.

Tuvieron que comer siempre en un restaurante que era para personas de color. Esto enojó a Roberto, particularmente, porque en Puerto Rico no existía segregación. En una ocasión dijo: "Creo en las personas, no en su color de piel".

En Montreal, Roberto no jugaba con frecuencia. Podía haber tenido un buen partido y luego pasar varios en la banca. Algunas veces, su entrenador lo sustituía por un bateador emergente cuando

Roberto sabía que podía empujar carreras. Esto lo confundía mucho y le hacía preguntarse por qué él no jugaba en todos los partidos y por qué su equipo no utilizaba mejor sus destrezas. Roberto le comunicó a su hermano Justino que estaba pensando regresar a casa.

Roberto dijo en una oportunidad: "Nunca pensé que iba a llegar tan alto", y agregó después: "Y que cuando llegara, ellos no me dejarían jugar".

En realidad, el plan de los Dodgers era ¡mantener oculto a Roberto!

Según las reglas del Béisbol de Grandes Ligas de esa época, Roberto podía ser reclutado por cualquier otro equipo al cumplirse el contrato, de tan solo un año, que había firmado con Montreal. Los Dodgers pensaban que Roberto tendría la oportunidad de mejorar aún más su juego jugando en las ligas menores. Los Dodgers pensaban ascenderlo a las mayores al año siguiente. Entretanto, confiaban en que nadie encontraría la joya que permanecía escondida en las ligas menores de Canadá.

Cuando culminó la temporada con los Reales, Roberto regresó a Puerto Rico a vivir con su familia. Volvió a jugar con los Cangrejeros de Santurce y los ayudó a ganar el campeonato de la liga. Jugó en el jardín izquierdo y, esa temporada, el jardín central lo cubrió el gran Willie Mays, héroe de la Serie Mundial con los Gigantes de Nueva York. Mays llegó a disparar 660 jonrones en su carrera e ingresar al Salón de la Fama. Al igual que otros jugadores de las grandes ligas, jugó con frecuencia en Puerto Rico durante el invierno, lo cual coincidía con la temporada de descanso del Béisbol de las Grandes Ligas. Los Cangrejeros ganaron la Serie del Caribe de 1955 y aún se le considera como uno de los mejores equipos que haya jugado en Puerto Rico.

No todas las noticias fueron buenas para Roberto durante esta temporada con los Cangrejeros. Camino al hospital para visitar a su hermanastro Luis, otro conductor lo chocó. Roberto se lastimó el cuello y la espalda, y por no recibir atención médica, sufrió de estas lesiones el resto de su vida. Luis falleció a los pocos días.

En noviembre de ese año, se realizó una reunión en la ciudad de Nueva York que cambió positivamente la vida de Roberto. Su talento era tan grande que no se podía esconder; ni siquiera en Canadá. El secreto de los Dodgers ya no era tal y, ahora, a Roberto lo podía reclutar otro equipo. En esa reunión, los Piratas de Pittsburgh lo escogieron. Esta vez, Momen sí había llegado de verdad a las grandes ligas.

Capítulo 4
Bienvenido a las mayores

Cada año, los equipos se preparan para la temporada durante los entrenamientos de primavera. Allí, se ejercitan y practican sus destrezas. Para los jugadores jóvenes, se trata de una oportunidad de demostrar sus habilidades. Para Roberto, era tan solo un lugar extraño al cual acostumbrarse.

A pesar de que Roberto había tenido una experiencia con la segregación durante su paso por los Reales, el entrenamiento primaveral con los Piratas en Fort Myers, Florida, fue mucho peor.

Los buenos hoteles no aceptaban a personas de color. Por lo tanto, mientras los jugadores blancos se alojaban en un hotel de lujo, los de color se hospedaban en casas de familias afroamericanas, al otro lado de la ciudad. Los jugadores blancos disfrutaban de clubes de golf y de piscinas a los que las

personas de color no eran invitadas. Incluso en los estadios había segregación. Tenían secciones distintas para los aficionados blancos y para los de color. ¡Hasta los bebederos de agua estaban separados!

Esta separación de razas era muy chocante para Roberto. En Puerto Rico había personas blancas y personas de color, pero no estaban separadas.

De regreso en Pensilvania, a Roberto se le hizo difícil conocer a sus compañeros de equipo en los Piratas de Pittsburgh, puesto que no hablaba inglés muy bien. Explicó más adelante que "No hablar el idioma era un problema terrible porque significaba que eras diferente".

Le llegó a decir a un periodista que ni siquiera sabía dónde quedaba Pittsburgh.

Los Piratas no era un equipo muy bueno a comienzo de la década del cincuenta. No habían jugado una Serie Mundial desde 1927, ni ganado una temporada desde 1948.

Roberto jugó su primer partido de la temporada regular de las grandes ligas el 17 de abril de 1955. Fue contra los Dodgers de Brooklyn, el equipo que originalmente lo había contratado. En su primer turno al bate, conectó el primer imparable de su carrera, un sencillo al cuadro. Los Dodgers quizás se preguntaron si se habían equivocado al ocultar a Roberto en las menores ¡en vez de subirlo de inmediato! Él se desempeñó muy bien durante los

próximos meses, bateando sobre los .300. Sin
embargo, mientras el verano transcurría, sus pro-
medios de bateo comenzaron a bajar. Uno de los
motivos es que se sentía solo.

Roberto todavía extrañaba a su familia y a sus amigos de Puerto Rico. No encajaba con los jugadores de color porque hablaba poco inglés, pero tampoco encajaba con la mayoría de los jugadores blancos. Ese año, sus amigos más cercanos fueron los Garland, una pareja de color con la que se hospedaba. Ellos le presentaron a sus amistades, le hacían la cena y lo ayudaron a sentirse más cómodo con su entorno.

Roberto no jugó en algunos partidos de la temporada debido a su dolor de espalda, una molestia que persistía desde aquel accidente automovilístico en Puerto Rico. En aquella época, así como en la actualidad, se esperaba que los peloteros con lesiones leves fueran resistentes y jugaran sus partidos. En ocasiones, cuando pedía un descanso o hablaba de sus lesiones, otros jugadores lo ridiculizaban; inclusive sus compañeros de equipo. Se preguntaban si él las estaba simulando o exagerando, y tampoco les gustaban los que se quejaban mucho.

Cuando se acabó la temporada de 1955, Roberto regresó nuevamente a Puerto Rico a pasar el invierno. Los Piratas estaban complacidos con su desempeño pero sabían que él podía dar más. Joe Brown, presidente de los Piratas, señaló que era obvio que él no había jugado mucho béisbol profesional y que aún tenía cosas que aprender. "Pero era más obvio, todavía, que tenía un gran talento", agregó.

PUERTA 6

EL ENTRENAMIENTO PRIMAVERAL

LOS EQUIPOS DE GRANDES LIGAS HAN REALIZADO ENTRENAMIENTOS PRIMAVERALES DESDE LA DÉCADA DE LOS VEINTE Y, ALGUNOS, DESDE LA DÉCADA DE 1880. EN ESA ÉPOCA, LA MAYORÍA DE LOS EQUIPOS ERAN DEL NORESTE Y DEL MEDIO OESTE DEL PAÍS. A FINALES DEL INVIERNO Y COMIENZO DE LA PRIMAVERA, HACÍA MUCHO FRÍO EN ESTAS REGIONES COMO PARA PRACTICAR BÉISBOL, DE MODO QUE SE DESPLAZABAN AL SUR PARA JUGAR EN UN CLIMA MÁS CÁLIDO.

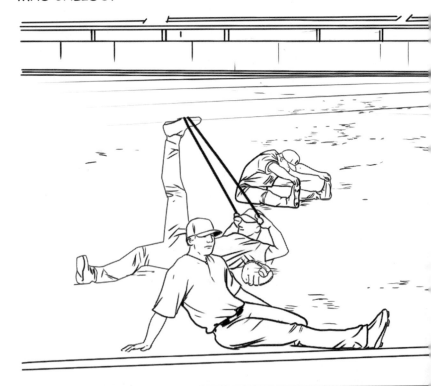

HOY EN DÍA, LOS EQUIPOS TIENEN CAMPOS
DE ENTRENAMIENTO PRIMAVERAL EN FLORIDA
Y EN ARIZONA. ALLÍ, PUEDEN ENTRENARSE
PARA COMENZAR LA SIGUIENTE TEMPORADA EN
FORMA Y PROBAR A LOS JUGADORES JÓVENES.
LOS PELOTEROS PERMANECEN JUNTOS Y LLEGAN
A CONOCERSE. LOS ENTRENADORES OBSERVAN
CUIDADOSAMENTE PARA VER QUÉ JUGADORES
TIENEN MÁS DESTREZAS Y, ENTONCES, DECIDEN
QUIÉNES JUGARÁN EN LAS GRANDES LIGAS
Y CUÁLES SE QUEDARÁN EN LAS MENORES.

Capítulo 5
En casa y lejos de ella

Roberto pasó los siguientes años jugando en Pittsburgh durante el verano y viviendo y jugando en Puerto Rico durante el invierno.

Poco a poco, Roberto se fue adaptando más a Pittsburgh. Su inglés mejoró, pero a los periodistas deportivos aún se les hacía difícil comunicarse con

él. Algunos no eran amables y escribían lo que él declaraba en una forma que lo hacían parecer falto de educación. Cuando decía "hit", escribían "heet" y cuando decía "big leagues" escribían "beeg leegs", burlándose así de su marcado acento hispano.

En 1957, su tarjeta oficial de béisbol se imprimió con el nombre "Bob" Clemente, en vez de Roberto, y este error continuó repitiéndose durante varias ediciones. Para un hombre tan orgulloso de sus raíces, esto fue un insulto. Como resultado de este trato, Roberto se propuso

BOB Clemente
PITTSBRURGH PIRATES OUTFIELD

transformar todo ese fuego que lo consumía por dentro en éxito dentro del terreno de juego.

Roberto no pegó muchos jonrones pero conectaba líneas hacia los jardines. En la defensa, era extraordinario. Una y otra vez, demostraba ser el pelotero con el mejor brazo de las grandes ligas.

LAS TARJETAS DE BÉISBOL

LAS PRIMERAS TARJETAS DE BÉISBOL SE IMPRIMIERON EN LA DÉCADA DE 1880 Y VENÍAN DENTRO DE LAS CAJAS DE CIGARRILLOS. EN LA DÉCADA DEL TREINTA, LAS COMPAÑÍAS DE GOMA DE MASCAR COMENZARON A VENDERLAS CON SU PRODUCTO Y, UNA DE ELLAS, PRODUJO EL PRIMER JUEGO COMPLETO DE TARJETAS DE LAS GRANDES LIGAS EN 1952. LA EMPRESA TOPPS INICIÓ ASÍ LA AFICIÓN A COLECCIONAR TARJETAS DE BÉISBOL QUE PERDURA HASTA HOY.

LAS FOTOS DE LOS JUGADORES QUE APARECEN EN LAS TARJETAS GENERALMENTE SE TOMAN DURANTE EL ENTRENAMIENTO PRIMAVERAL.

LAS TARJETAS INCLUYEN ESTADÍSTICAS Y DATOS SOBRE LOS JUGADORES, COPIAS DE SUS FIRMAS Y LOS LOGOS DE SUS EQUIPOS. CADA AÑO, SE EMPLEA UN NUEVO DISEÑO.

EN LA DÉCADA DEL OCHENTA, VARIAS COMPAÑÍAS SE UNIERON A TOPPS EN LA FABRICACIÓN DE TARJETAS DE BÉISBOL.

EL VALOR DE ALGUNAS TARJETAS ANTIGUAS SE INCREMENTÓ DRÁSTICAMENTE. EN 1991, UNA TARJETA DE 1909 DEL MIEMBRO DEL SALÓN DE LA FAMA HONUS WAGNER ESTABA VALORADA EN $451,000. EN EL 2011, LA MISMA TARJETA SE VENDIÓ POR $2,800,000.

Mientras tanto, cuando se encontraba en casa y jugaba en la liga de Puerto Rico, alentaba a los peloteros más jóvenes y ayudaba a su familia con el dinero que ganaba en el diamante de béisbol. Les compró una casa a sus padres y ayudó también a sus hermanos, sobrinos y sobrinas.

A finales de 1958, Roberto se tomó un descanso del béisbol y viajó a Carolina del Sur para entrenar con la Infantería de Marina de Estados Unidos. En aquella época, todos los jóvenes estadounidenses saludables, incluyendo los puertorriqueños, tenían que hacer servicio militar, por lo que Roberto se alistó con las fuerzas de reserva. Al terminar su entrenamiento a comienzos de 1959, se convirtió en infante de marina, pero solo tendría que prestar servicio en caso de guerra. Entonces, regresó al béisbol.

En 1960, Roberto había cumplido cinco temporadas en las grandes ligas y todavía no era una estrella. Él sabía que tenía que aumentar su nivel de juego para que, tanto él como los Piratas, se convirtiesen en campeones.

Capítulo 6
1960

Roberto tuvo un gran comienzo en la temporada de 1960. Durante los primeros cuatro meses, fue uno de los mejores bateadores de la

liga y estaba impulsando más carreras que nunca. En mayo, fue designado Jugador del Mes de la Liga Nacional y, en julio, lo escogieron para participar en el Juego de las Estrellas por primera vez.

A los Piratas también les estaba yendo muy bien, lo cual representaba un gran cambio respecto a las temporadas recientes.

A lo largo del verano, más y más personas se fueron dando cuenta de algo que ya sus compañeros de equipo sabían: Roberto Clemente era uno de los mejores jardineros del béisbol. Terminó la temporada con su mejor promedio de bateo hasta la fecha y el cuarto mejor en la Liga Nacional. También lideró a los Piratas en carreras impulsadas con

noventa y cuatro e impuso un nuevo récord personal al conectar dieciséis jonrones. El 25 de septiembre, los Piratas aseguraron el campeonato de la Liga Nacional lo cual los clasificó para la Serie Mundial, por primera vez en treinta y tres años.

Luisa Clemente y Matino, un hermano de Roberto, viajaron a Pittsburgh para verlo jugar en la Serie Mundial. Su padre, Melchor, le tenía miedo a los aviones, por lo que se quedó en Carolina y escuchó los partidos de su hijo por la radio.

Melchor y fanáticos del béisbol de todos los rincones escucharon una de las Series Mundiales más emocionantes de la historia. Los campeones de la Liga Americana eran los Yankees de Nueva York, quienes exhibieron una alineación de poderosos bateadores que incluía a Mickey Mantle, Yogi Berra y Roger Maris. En uno de los partidos de la Serie Mundial, le ganaron a Pittsburgh 16-3 y, en otro, 12-0. Después de seis encuentros, los Piratas habían anotado diecisiete carreras y los Yankees, cuarenta y seis. Sin embargo, los Piratas habían logrado ganar

tres partidos, por lo que un séptimo definiría la contienda.

En cada uno de los seis partidos, Roberto conectó al menos un sencillo y jugó de manera espectacular en la defensiva, realizando varios tiros claves.

El séptimo partido de la Serie Mundial de 1960 fue uno de los más inolvidables de la historia. Al comenzar la parte baja de la octava entrada, los Piratas perdían 7-4, pero remontaron anotando ¡cinco carreras que los pusieron arriba con marcador 9-7!

LA SERIE MUNDIAL

GENERALMENTE, LA SERIE MUNDIAL SE JUEGA AL TERMINAR LA TEMPORADA REGULAR DEL BÉISBOL DE GRANDES LIGAS, A FINALES DE OCTUBRE. ES UNA SERIE DE SIETE PARTIDOS ENTRE LOS CAMPEONES DE LA LIGA AMERICANA Y DE LA LIGA NACIONAL. EL PRIMER EQUIPO EN GANAR CUATRO PARTIDOS SE CONVIERTE EN EL CAMPEÓN DE LA SERIE MUNDIAL.

LIGA AMERICANA
BOSTON
CONTRA
PITTSBURGH
1.RA SERIE MUNDIAL
1.º DE OCTUBRE DE 1903

LA PRIMERA SERIE MUNDIAL SE DISPUTÓ, EN 1903, ENTRE LOS AMERICANOS DE BOSTON Y LOS PIRATAS DE PITTSBURGH. LOS PRIMEROS RESULTARON CAMPEONES Y, AÑOS DESPUÉS, CAMBIARON SU NOMBRE A LOS MEDIAS ROJAS. LA SERIE MUNDIAL SE HA DISPUTADO POR MÁS DE CIENTO DIEZ AÑOS CON LA EXCEPCIÓN DE 1904, PORQUE LOS GIGANTES DE NUEVA YORK SE NEGARON A JUGAR, Y 1994, CUANDO LOS PELOTEROS DE LAS GRANDES LIGAS SE DECLARARON EN HUELGA. LOS YANKEES HAN GANADO VEINTISIETE VECES, MÁS QUE NINGÚN OTRO EQUIPO.

Roberto impulsó una de esas carreras y anotó otra. Los Yankees respondieron empatando el partido en la parte alta de la novena entrada.

El primer bateador de la parte baja fue el segunda base de los Piratas, Bill Mazeroski, quien disparó un jonrón al jardín izquierdo dándole, así, el triunfo a su equipo con marcador 10-9. ¡Era la primera vez que una Serie Mundial se definía con un vuelacercas en la última entrada! Los fanáticos de Pittsburgh celebraron hasta muy entrada la noche.

Esta fue la primera vez que Roberto se coronó campeón desde que llegó a Estados Unidos y le dio mucha alegría poder compartir la victoria con sus compañeros de equipo y con su familia.

Al culminar la temporada, se anunció el premio al Jugador Más Valioso de la Liga Nacional, que es escogido, por votación, por un grupo de periodistas de béisbol estadounidenses. El ganador fue su compañero de equipo Dick Groat, que jugaba

el campo corto. Roberto quedó en octavo lugar a pesar de que pensaba que había tenido una mejor temporada que varios de los jugadores que recibieron más votos que él. Esto le dolió mucho. Sintió que los periodistas se abstuvieron de votar por él por motivos raciales y por sus dificultades con el idioma inglés. Roberto nunca pudo conectarse con la mayoría de los periodistas que escribían sobre el equipo.

Sin embargo, sí logró conectarse con los fanáticos de Pittsburgh. "Experimenté la emoción más grande de mi vida cuando, al terminar el último

partido de la serie, salí de los vestuarios y vi a miles de aficionados en la calle. En ese momento, no me sentí un jugador sino uno más de ellos, así que marché por las calles entre los fanáticos", señaló.

En Puerto Rico fue recibido como un héroe. Sin embargo, nunca se le olvidó lo mal que lo hizo sentir el resultado de aquella votación por el Jugador Más Valioso.

Capítulo 7
Distinciones y matrimonio

A pesar de lo bueno que era en el terreno de juego, fuera de este seguía enfrentando el racismo. En aquella época, el tema de los derechos civiles, incluyendo el de la igualdad entre todas las razas, era muy importante, y Roberto no tenía miedo de expresar su sentir al respecto.

Durante el entrenamiento primaveral previo a la temporada de 1961, él y otros compañeros de equipo que también eran de color, volvieron a vivir separados de los jugadores blancos. Roberto explicó que, de alguna manera, era como estar en prisión. "Ellos nadaban, jugaban golf e iban a la playa. Lo único que nosotros podíamos hacer era dejar pasar el tiempo hasta que llegara la hora de regresar al norte. No era nada divertido", agregó.

Roberto seguía con interés las noticias sobre el movimiento de los derechos civiles. Admiraba mucho a su líder, el Dr. Martin Luther King, Jr.,

quien llegó a visitar Puerto Rico y pasó un rato con Roberto y su familia.

Pero Roberto pronto se enfocó otra vez en el terreno de pelota. En 1961, fue el mejor bateador de la Liga Nacional con un promedio de .351, el mejor entre todos los peloteros de esa liga. Además de mejorar en el bateo, continuó jugando de forma extraordinaria en el jardín derecho. Al culminar la temporada, le concedieron el Guante de Oro, con el cual se premia la excelencia en el fildeo. Los jugadores y los entrenadores de cada liga votan para escoger al mejor jugador en cada posición. Roberto ganó el Guante de Oro en todas las temporadas siguientes que jugó. Su total de doce lo mantiene empatado con su antiguo compañero de los Cangrejeros, Willie Mays, como el jardinero que lo ha recibido más veces en la historia.

Ese mismo año, Roberto recibió un bate de plata como trofeo por su título de bateo. A su regreso a la isla, expresó su agradecimiento en nombre de su familia, de Puerto Rico y de todos los jugadores de

la isla que nunca tuvieron la oportunidad de repre-
sentarla en las grandes ligas.

Roberto habló de Puerto Rico siempre que pudo.
Estaba sumamente orgulloso de su isla y regresó a

ella en cada otoño durante su carrera. Estaba agradecido con todos los jugadores, mayores que él, que le enseñaron a jugar béisbol, e invirtió todo el tiempo que pudo en ayudar a que los jugadores

más jóvenes mejoraran sus habilidades.

A comienzos de 1964, Roberto conoció en una farmacia de Puerto Rico a una muchacha de nombre Vera Zabala, y pronto se enamoró de ella. La pretendió con la misma pasión que mostraba en el terreno de pelota.

Vera tenía veintidós años y trabajaba en un banco. Cuando Roberto se presentó, ella se limitó a responder amablemente. No era aficionada al béisbol pero sabía que él era una de las personas más famosas de la isla. Durante los próximos meses, Roberto la invitó a salir una y otra vez. La visitaba en el banco y le enviaba cartas hasta que, finalmente, la conquistó. Ella estuvo de acuerdo en salir con él si sus padres le daban permiso.

El día de su primera cita, Roberto la fue a buscar al banco y todos sus colegas tenían tantas ganas de ver a la estrella del béisbol ¡que salieron a la calle para verlos partir!

Roberto estaba apurado por formalizar la relación. Vera recuerda que, la primera vez que él fue a su casa, le dijo que se iba a casar con ella. "Después de algunas citas, trajo fotos de casas y también un anillo de diamantes", añadió.

Al poco tiempo, Roberto fue a visitar al padre de Vera para pedir su mano. El señor Zabala temía que, por ser una celebridad, iba a querer salir con muchas otras mujeres. Él le contesto: "Podría caminar a la esquina y, posiblemente, despertar el interés de diez mujeres. Pero eso no me importa porque la mujer que amo está aquí". Roberto y Vera se casaron el 14 de noviembre de 1964.

Capítulo 8
La familia es lo primero

En agosto de 1965, Roberto y Vera tuvieron su primer hijo, Roberto Jr., y en julio de 1966 nació el segundo, Luis Roberto. Además de sus logros en el terreno de pelota, ahora Roberto podía también sentirse orgulloso de haber formado una familia.

Ahora que Roberto pasaba más tiempo en casa, se dedicó a una nueva afición. Comenzó a recolectar la madera que flotaba en las playas cercanas a Carolina y a convertirla en muebles y regalos para sus amigos. También compró un órgano para la nueva casa de los Clemente y aprendió a tocarlo de forma autodidacta.

Roberto Jr. recuerda que a su casa llegaban personas, todo el día, con el objetivo de conocer al gran Clemente. Roberto saludaba a cada extraño que tocaba a su puerta, le preguntaba en qué podía ayudarlo y, a veces, se quedaba conversando con esta persona por horas.

Sin embargo, Vera afirmó que, "Cada vez que podía, Roberto evitaba compromisos para, así, poder pasar más tiempo con su familia. En la casa no se hablaba de béisbol al menos que tuviésemos visitas preguntando sobre el tema".

Ya de regreso con los Piratas en Pittsburgh, trató de mantenerse saludable. Para fortalecerse, tomaba una bebida hecha con huevos crudos, azúcar y jugo

de frutas. Antes de cada partido, ingería una cucharada de miel. Aun así, tuvo que lidiar con una serie de lesiones menores en su espalda, piernas, codo y hombro.

En 1966, Roberto por fin recibió el premio que consideraba el más importante honor al que un pelotero podía aspirar: Jugador Más Valioso de la Liga Nacional. "Por supuesto, Sandy Koufax pudo haberlo ganado, pero yo tuve la mejor temporada de mi carrera y confiaba en que los periodistas deportivos votarían por mí. Estoy agradecido con ellos", explicó.

En 1967, Roberto ganó su cuarto título de bateo de la Liga Nacional con el promedio más alto de su carrera, .357. Aún se mantiene como uno de los ocho jugadores de esa liga que han alcanzado esa cantidad de títulos de bateo. A pesar de su creciente fama, Roberto solía contestar las cartas de sus fanáticos. Siempre ordenaba su correspondencia de forma tal que pudiese contestar primero las cartas de los niños de la ciudad donde los Piratas jugarían su siguiente partido fuera de casa. También visitaba con frecuencia a niños hospitalizados

en todas las ciudades adonde viajaba con su equipo. En una ocasión, dijo que firmaba más de veinte mil autógrafos al año.

Roberto quiso usar su fama y su dinero para desarrollar un inmenso parque deportivo en Puerto Rico. Planeaba construir campos deportivos, gimnasios y salones de clase en un solo espacio grande. Niños de toda la isla podrían venir a aprender nuevos deportes y mejorar sus destrezas. Consiguió un terreno para el proyecto y comenzó a recaudar dinero para comprarlo y realizar su sueño. En 1969, él y Vera se deleitaron con el nacimiento de su tercer hijo, Enrique.

Roberto continuó trabajando con muchos de los jóvenes latinoamericanos que llegaban a Estados Unidos para jugar en las mayores. Su éxito y el de otros jugadores del Caribe provocó que los equipos del Béisbol de Grandes Ligas evaluaran y contrataran a más jugadores del área. Mientras viajaba de ciudad en ciudad, se cercioraba de conocer a los nuevos peloteros. Los sacaba a cenar o les daba consejos que les ayudarían a adaptarse a la vida en Estados Unidos y a las ligas mayores.

PELOTEROS LATINOAMERICANOS

ANTES DE ROBERTO CLEMENTE, SOLO UN PUÑADO DE PELOTEROS CARIBEÑOS HABÍAN JUGADO EN LAS MAYORES. ALGUNOS JUGADORES CUBANOS LLEGARON A ESTADOS UNIDOS A COMIENZOS DEL SIGLO XX Y UNOS CUANTOS DOMINICANOS Y PUERTORRIQUEÑOS JUGARON DURANTE LA DÉCADA DEL CINCUENTA. SIN EMBARGO, CON EL ÉXITO DE ROBERTO Y OTROS JUGADORES EN LA DÉCADA DEL SESENTA, EL NÚMERO DE PELOTEROS LATINOAMERICANOS SE INCREMENTÓ RÁPIDAMENTE. EN LA DÉCADA DEL SETENTA, SE RECLUTARON DOCENAS DE PELOTEROS DE VARIOS PAÍSES DE LA REGIÓN PARA JUGAR EN LAS GRANDES LIGAS.

EN EL AÑO 2009, SE INAUGURÓ LA EXHIBICIÓN PERMANENTE ¡VIVA BASEBALL! EN EL SALÓN DE LA FAMA DEL BÉISBOL, UBICADO EN COOPERSTOWN, ESTADO DE NUEVA YORK. ESTA EXHIBICIÓN RINDE HOMENAJE A LAS MUCHAS ESTRELLAS DEL BÉISBOL PROVENIENTES DE PAÍSES CARIBEÑOS Y LATINOAMERICANOS.

ADEMÁS DE ROBERTO, LA LISTA DE LOS GRANDES PELOTEROS LATINOAMERICANOS INCLUYE A:

- TONY PÉREZ Y TONY OLIVA (CUBA)
- ROD CAREW Y MARIANO RIVERA (PANAMÁ)
- JUAN MARICHAL, PEDRO MARTÍNEZ, ALBERT PUJOLS Y ROBINSON CANÓ (REPÚBLICA DOMINICANA)

- IVÁN RODRÍGUEZ Y ROBERTO ALOMAR
  (PUERTO RICO)
  EN EL AÑO 2013, MÁS DEL VEINTISIETE
POR CIENTO DE LOS JUGADORES DE LAS LIGAS
MAYORES PROVENÍAN DE PAÍSES DE HABLA
HISPANA.

Capítulo 9
De nuevo en la cima

En 1970, Roberto ya era bien conocido por la gran cantidad de buenas acciones que realizaba. El 24 de julio, los Piratas le rindieron tributo durante una ceremonia especial, La Noche de Roberto

Clemente, que se llevó a cabo en el estadio del equipo en Pittsburgh. Docenas de familiares y amigos viajaron desde Puerto Rico, incluidos Luisa y Melchor, quien tuvo que sobreponerse a su miedo a volar. La esposa y los hijos de Roberto observaban orgullosos. Hubo discursos en español y en inglés agradeciendo y honrando a Roberto. Él le pidió a la gente que, en vez de hacerle regalos, donaran dinero al hospital de niños de Pittsburgh.

Durante un banquete en Houston, a comienzos de 1971, la Asociación de Periodistas de Béisbol de Estados Unidos galardonó a Roberto con el "Tris Speaker Memorial Award" como mejor jugador. Algunos de estos periodistas eran los mismos que lo insultaron en el pasado y se burlaron de su acento.

Esta vez, lo escogieron por sus logros dentro y fuera del terreno. Al expresarse contra el racismo, alentar a los puertorriqueños y entregar tiempo y dinero para mejorar la vida del prójimo, Roberto se había convertido en algo más que un pelotero, y los periodistas finalmente lo reconocieron.

En su discurso de aceptación del premio enunció estas inolvidables palabras sobre su vida y sus metas: "Si tienes la oportunidad de lograr algo que pueda facilitar el camino de las personas que siguen tus pasos, y no lo haces, estás perdiendo tu tiempo en esta vida".

Roberto y los Piratas consiguieron un nuevo triunfo en la temporada de 1971. Ese año, el equipo ganó la División Este de la Liga Nacional en la temporada regular, lo cual les dio el pase a la siguiente serie eliminatoria contra los Gigantes de San Francisco. Los derrotaron y, después, debían enfrentarse a los Orioles de Baltimore en la Serie Mundial.

Una vez más, Roberto tuvo que vencer un obs-
táculo antes de jugar su primer partido en Baltimore. Se intoxicó severamente con algo que comió.
El médico y Vera, según dijo ella, estaban muy
preocupados. "Fue al partido sin haber dormido
nada, pero jugó bien", añadió.

En realidad, fue mejor que eso: Roberto dominó
la contienda. Conectó al menos un imparable en

cada uno de los siete juegos, bateando un promedio de .414. Jugó perfecto a la defensiva y el cuadrangular que dio en el séptimo juego le dio la ventaja definitiva al equipo. Fue elegido el Jugador Más

Valioso de la Serie Mundial lo cual lo convirtió en la estrella más grande del béisbol en ese momento. La alegría que experimentó durante La Noche de Roberto Clemente y sus triunfos en esa Serie Mundial marcaron el punto más alto de su carrera.

Roberto recibió su premio en medio de la celebración en los vestuarios. Cuando la televisión lo entrevistó, habló con el corazón en la mano y en español, algo que nunca había ocurrido antes durante una transmisión en vivo del Béisbol de las Grandes Ligas. Se dirigió a su familia, las personas a quienes más amaba: "En el día más grande de mi vida, para los nenes la bendición mía, y que mis padres me echen la bendición".

Un año más tarde, cuando ya estaba pensando en retirarse, Roberto se convirtió en el undécimo

pelotero, y primero de origen hispano, en alcan-
zar la cifra de tres mil imparables conectados. En
esa temporada de 1972, los Piratas regresaron a
las series eliminatorias pero perdieron el título de
campeones de la Liga Nacional ante los Rojos de
Cincinnati. Tal como hacía cuando terminaba cada
temporada, Roberto se despidió de sus compañeros
de equipo y regresó a Puerto Rico. Ellos no sabían
que no lo volverían a ver nunca más.

Capítulo 10
Un final repentino

En noviembre de 1972, Roberto fue escogido para dirigir un equipo compuesto por los mejores peloteros de Puerto Rico. Viajó con el equipo a Nicaragua para competir en un torneo.

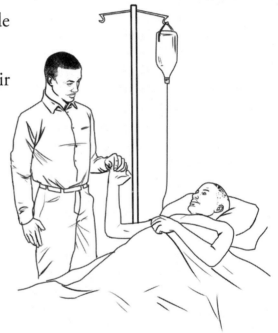

Durante las semanas que pasó allí, impartió charlas sobre béisbol y visitó niños enfermos en los hospitales, como era su costumbre. Conoció a un joven que tenía las piernas lesionadas y prometió ayudarlo a pagar una cirugía.

Cada mañana, salía a la calle con una bolsa de monedas que repartía entre los transeúntes. Se encariñó mucho con los nicaragüenses durante su corta visita.

A su regreso, le llevó a Ricky un mono araña para que lo tuviese de mascota. También llegó con juguetes para los demás niños, ropa nueva para Vera y muchos regalos para sus padres y otros familiares.

Un fuerte terremoto impactó a Nicaragua a finales de diciembre y muchas de las personas que Roberto recién había conocido fallecieron o resultaron lesionadas. Cinco millas cuadradas de la ciudad de Managua quedaron destruidas. Roberto comenzó a ayudar de inmediato, organizando una campaña para recaudar fondos y recolectar artículos de primera necesidad como comida, medicinas y ropa.

Acudió a la televisión y a la radio para pedir apoyo a las víctimas del terremoto. Pronto, se inició un puente aéreo entre Puerto Rico y Nicaragua.

Al poco tiempo de comenzar a llegar la ayuda a Nicaragua, Roberto se enteró de que no estaba siendo utilizada adecuadamente o no se la entregaban a las personas que más la necesitaban. Se quedó estupefacto pero comprendió, de inmediato, que tenía que ir personalmente para cerciorarse de que su pueblo amigo recibiera lo que necesitaba.

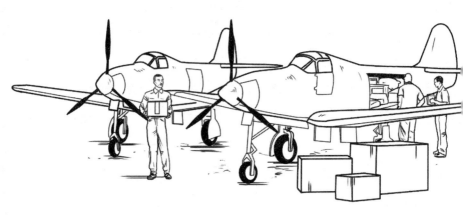

Cuando se disponía a partir a Nicaragua, se dio cuenta de que había demasiada mercancía donada para un solo avión, por lo que contrató otro. No sabía que esta segunda aeronave había chocado recientemente, que la mayoría de la tripulación tenía poca experiencia piloteando este tipo de aviones grandes y que llevaba un sobrepeso de miles de libras. Él solo quería ayudar.

Apenas pasadas las nueve de la noche de la víspera de Año Nuevo, el avión donde viajaban Roberto y las provisiones de auxilio recorrió con dificultad la pista de San Juan y despegó lentamente, apenas logrando superar unos árboles que se encontraban al final. Casi de inmediato, se escuchó una fuerte explosión en uno de los motores. El piloto trató de regresar pero ya era demasiado tarde. La aeronave sobrevolaba el mar, no podía girar y terminó estrellándose.

Empezó a correr la noticia y miles de personas se apresuraron a llegar a la playa, cerca del lugar

del accidente. Durante días, buzos y embarcaciones buscaron sobrevivientes y restos del aparato, pero fue poco lo que hallaron. Toda la isla y el mundo del béisbol comenzaron el año 1973 con la triste e impactante noticia de que Roberto Clemente había fallecido a los treinta y ocho años de edad.

Capítulo 11
El alcance de su legado

El mundo del béisbol quedó estupefacto con la muerte de Roberto. Su familia no lo podía creer, pero todos se sintieron orgullosos al ver cómo se expresaba la gente sobre él. Empezaron a llegar cartas y mensajes de todas partes. Sus compañeros de equipo y otras amistades volaron desde Pittsburgh para asistir al masivo funeral. Más adelante, se construyó en un hospital de Nicaragua un ala para niños, con dinero que se recaudó en su nombre.

Apenas unos días después de la muerte de Roberto, el Salón de la Fama del Béisbol anunció que podía ser inducido sin tener que esperar los cinco años después del retiro que se requieren para aspirar a este honor. Al culminar la votación, Roberto fue exaltado al Salón de la Fama en marzo de 1973. Esta fue la segunda vez que los periodistas especializados en béisbol, que votan para decidir el ingreso de un

jugador al Salón de la Fama, hacían esto por un jugador. La primera vez fue por Lou Gehrig, inicialista de los Yankees de Nueva York, en 1939.

También en 1973, el Béisbol de las Grandes Ligas creó el Premio Roberto Clemente que se otorga, cada temporada, al jugador que continúa su legado. Debe ser un pelotero que se destaque ampliamente en el terreno de pelota y que ayude significativamente a su comunidad y al mundo.

Además, el gobierno de Estados Unidos honró a Roberto. El presidente Richard Nixon fue una de

las primeras personas en hacer una donación personal para ayudar a construir, en Puerto Rico, el centro deportivo que Roberto tanto anheló. En mayo de 1973, le asignó a Roberto la primera Medalla Presidencial de Ciudadanía. Vera viajó hasta la Casa Blanca para recibir la distinción y declaró que sabía que Roberto se hubiese sentido muy orgulloso de ser el primer estadounidense en recibir esta medalla.

En 1974, se inauguró en Carolina la Ciudad Deportiva Roberto Clemente, la cual Vera dirigió durante décadas. Ella explica que, cuando él murió, ella sintió la necesidad de hacer realidad el proyecto de la ciudad deportiva. "Mi propósito principal fue realizar todo lo que él había planificado", añadió. La Ciudad Deportiva Roberto Clemente sigue atrayendo, cada año, a miles de jóvenes que desean jugar béisbol o participar en otra de las múltiples actividades que ofrece.

Los reconocimientos a Roberto continúan después de tanto tiempo de haber fallecido.

PREMIO ROBERTO CLEMENTE

EL PREMIO ROBERTO CLEMENTE ES UNO DE LOS RECONOCIMIENTOS MÁS GRANDES QUE PUEDA RECIBIR UN JUGADOR DE LAS GRANDES LIGAS. SE ENTREGA DURANTE UNA CEREMONIA ESPECIAL, EN EL MARCO DE LA SERIE MUNDIAL, A UN PELOTERO QUE DEMUESTRA UN COMPROMISO CON ESTE DEPORTE Y EN AYUDAR A LA COMUNIDAD.

ESTAS SON ALGUNAS DE LAS SUPERESTRELLAS QUE HAN RECIBIDO ESTE HONOR:

2011 DAVID ORTIZ, MEDIAS ROJAS DE BOSTON

2009 DEREK JETER, YANKEES DE NUEVA YORK

2008 ALBERT PUJOLS, CARDENALES DE SAN LUIS.

1999 TONY GWYNN, LOS PADRES DE SAN DIEGO

1992 CAL RIPKEN JR., ORIOLES DE BALTIMORE

1988 DALE MURPHY, BRAVOS DE ATLANTA

1977 ROD CAREW, MELLIZOS DE MINNESOTA

En 1998, se rebautizó en su honor un puente en Pittsburgh, cercano al nuevo estadio de los Piratas.

En el año 2003, en nombre de Roberto, Vera recibió la Medalla Presidencial de la Libertad de manos del presidente George W. Bush. En el 2012, la liga profesional de Puerto Rico, en la cual Roberto comenzó su carrera, cambió su nombre a Liga de Béisbol Profesional Roberto Clemente. Los peloteros actuales buscan seguir allí sus pasos.

Ya han pasado décadas después de la muerte de Roberto Clemente y miles de jóvenes del Caribe han hecho realidad su sueño de jugar en las ligas menores y mayores. Roberto no fue el primer pelotero latinoamericano en lograrlo, pero sí ha sido el mejor. Fue ejemplo de trabajo arduo, valentía y generosidad; valores que continúan impactando a Puerto Rico, al béisbol y al mundo.

LÍNEA CRONOLÓGICA DE LA VIDA
DE ROBERTO CLEMENTE

1934 —Roberto Clemente nace en Puerto Rico.

1954 —Los Dodgers de Brooklyn lo contratan y juega la temporada en Montreal.

1955 —Los Piratas de Pittsburgh lo reclutan y juega su primera temporada en el Béisbol de Grandes Ligas.

1960 —Gana la Serie Mundial con los Piratas.

1961 —Gana el primero de sus cuatro títulos de bateo en la Liga Nacional y el primero de doce Guantes de Oro.

1964 —Se casa con Vera Zabala.

1965 —Nace su hijo Roberto Jr.

1966 —Nace su hijo Luis.
Gana el premio Jugador Más Valioso de la Liga Nacional.

1969 —Nace su hijo Enrique.

1970 —Se celebra la Noche de Roberto Clemente en Pittsburgh.

1971 —Gana la segunda Serie Mundial y lo nombran Jugador Más Valioso de la Serie Mundial.

1972 —Alcanza la cifra de tres mil imparables conectados.
Muere en un accidente aéreo mientras transportaba ayuda humanitaria a Nicaragua.
Es exaltado al Salón de la Fama del Béisbol.

1973 —En nombre de Roberto, Vera recibe la Medalla Presidencial de Ciudadanía, de manos del presidente Richard Nixon.

2003 —En nombre de Roberto, Vera recibe la Medalla Presidencial de la Libertad, de manos del presidente George W. Bush.

LÍNEA CRONOLÓGICA DEL MUNDO

Termina la Segunda Guerra Mundial. — **1945**

Puerto Rico se convierte en un Estado Asociado — **1952**
de Estados Unidos.

Una revolución comunista en Cuba lleva a Fidel Castro — **1959**
al poder.

John F. Kennedy es elegido presidente de Estados Unidos. — **1960**

El soviético Yuri Gagarin se convierte en el primer hombre — **1961**
en el espacio.

La Crisis de los Misiles cubana afecta a Estados Unidos — **1962**
y a la Unión Soviética.

La Marcha de Washington aumentó el interés en el — **1963**
movimiento por los derechos civiles.
Asesinan al presidente Kennedy, en Dallas.

The Beatles se presentan por primera vez en la televisión — **1964**
estadounidense.
El Congreso aprueba la Ley de Derechos Civiles.

Se juega el primer Super Bowl. — **1967**

Asesinan a Martin Luther King, Jr. en Memphis. — **1968**

El primer hombre llega a la Luna en el Apolo 11. — **1969**

Richard Nixon se convierte en el primer presidente — **1974**
de EE. UU. que renuncia a su cargo.

Estados Unidos celebra su bicentenario. — **1976**

Colección ¿Qué fue...? / ¿Qué es...?

El Álamo
La batalla de Gettysburg
El Día D
La Estatua de la Libertad
La expedición de Lewis
y Clark
La Fiebre del Oro
La Gran Depresión

La isla Ellis
La Marcha de Washington
El Motín del Té
Pearl Harbor
Pompeya
El Primer Día de Acción
de Gracias
El Tren Clandestino

Colección ¿Quién fue...? / ¿Quién es...?

Albert Einstein
Alexander Graham Bell
Amelia Earhart
Ana Frank
Benjamín Franklin
Betsy Ross
Fernando de Magallanes
Franklin Roosevelt
Harriet Beecher Stowe
Harriet Tubman
Harry Houdini
Los hermanos Wright
Louis Armstrong

La Madre Teresa
Malala Yousafzai
María Antonieta
Marie Curie
Mark Twain
Nelson Mandela
Paul Revere
El rey Tut
Robert E. Lee
Roberto Clemente
Rosa Parks
Tomás Jefferson
Woodrow Wilson